¿QUÉ SON EL DINERO Y LOS BANCOS?

JEANNE NAGLE

Educational Publishing

IN ASSOCIATION WITH

ROSEN
EDUCATIONAL SERVICES

Published in 2017 by Britannica Educational Publishing (a trademark of Encyclopædia Britannica, Inc.) in association with The Rosen Publishing Group, Inc.

29 East 21st Street, New York, NY 10010

Distributed exclusively by Rosen Publishing.

To see additional Britannica Educational Publishing titles, go to rosenpublishing.com.

First Edition

Britannica Educational Publishing
J.E. Luebering: Director, Core Reference Group
Mary Rose McCudden: Editor, Britannica Student Encyclopedia

Rosen Publishing
Nathalie Beullens-Maoui: Editorial Director, Spanish
Ana María García: Translator
Heather Moore Niver: Editor
Nelson Sá: Art Director
Brian Garvey: Designer
Cindy Reiman: Photography Manager
Heather Moore Niver: Photo Researcher

Cataloging-in-Publication Data

Names: Nagle, Jeanne, author.
Title: ¿Qué son el dinero y los bancos? / Jeanne Nagle, translated by Ana Garcia.
Description: First edition. | New York, NY : Britannica Educational
Publishing, 2017. | Series: Conozcamos nuestra economía | Includes
bibliographical references and index.
Identifiers: ISBN 9781508102502 (library bound : alk. paper) | ISBN 9781508102489 (pbk. : alk. paper) | ISBN 9
9781508102496 (6-pack : alk. paper)
Subjects: LCSH: Banks and banking—Juvenile literature. | Money—Juvenile
literature.
Classification: LCC HG1609 .N34 2016 | DDC 332.1—dc23

Manufactured in the United States of America

Photo Credits: Cover, interior pages background image cleanfotos/Shutterstock.com; p. 4 Nativestock Pictures; p. 5 © iStockphoto.com/ElFlacodelNorte; p. 6 © iStockphoto.com/Catherine Lane; pp. 7, 13, 14, 22-23 Bloomberg/Getty Images; p. 8 De Agostini Picture Library/De Agostini/Getty Images; p. 9 Universal History Archive/Universal Images Group/Getty Images; p. 10 © iStockphoto.com/SebastianKnight; p. 11 LoloStock/Shutterstock.com; p. 12 lynnette/Shutterstock.com; p. 15 © iStockphoto.com/akuli; p. 16 © iStockphoto.com/Africa Studio; p. 17 © iStockphoto.com/Eva Katalin Kondoros; p. 18 Rischgitz/Hulton Archive/Getty Images; p. 19 Kean Collection/Archive Photos/Getty Images; p. 20 © iStockphoto.com/DragonImages; p. 21 © iStockphoto.com/andipantz; p. 23 Florian Gaertner/Photothek/Getty Images; p. 24 jwohlfeil/iStock/Thinkstock; p. 25 Sky View/Photodisc/Thinkstock; p. 26 © iStockphoto.com/Kameleon007; p. 27 doockie/iStock/Thinkstock; p. 28 Georgejmclittle/Shutterstock.com; p. 29 Josep Lago/AFP/Getty Images

CONTENIDO

El dinero y los bancos

Para pagar por bienes o servicios utilizamos alguna forma de dinero. En el pasado, se utilizaban conchas o semillas para "pagar" o intercambiar cosas. Dinero podía ser cualquier cosa, siempre y cuando todo el mundo estuviera de acuerdo con su valor.

El **valor** de algo es en cuánto se estima o se calcula que debería costar.

Una de las primeras formas de dinero fueron los metales preciosos, como el oro o la plata.

Estos collares wampum están hechos de conchas de mar y eran usados como dinero por los nativos americanos de la tribu Montauk.

El papel moneda fue creado como una promesa de pagar con oro o plata, sin necesidad de tener que cargar con esos metales.

Un banco es un negocio que toma y presta dinero. Toma prestado dinero de los clientes llamados depositantes. Presta dinero a otros clientes llamados prestatarios.

Los bancos pagan dinero a los depositantes y cobran dinero a los prestatarios. Estos pagos reciben el nombre de intereses. Los bancos obtienen beneficios cuando recaudan más intereses de los que pagan. Los bancos modernos también realizan muchas otras operaciones.

La mayoría de los bancos tiene sucursales donde los clientes pueden ir a solicitar o recibir servicios.

Hacer dinero

El dinero está disponible de dos formas: billetes y monedas. Las monedas circularon mucho antes que los billetes. Se inventaron antes que el papel moneda y han durado más porque están hechas de metal.

Los billetes (papel moneda) se imprimen en papel compuesto de algodón y de otras fibras. Se mezcla también con otros materiales que lo hacen más fuerte, por lo que no se rasgan o rompen con

Las monedas son el *quarter, dime, nickel* y *el penny*. Cada una vale menos de un dólar y se mide en céntimos.

6

◀◀

Se muestra las hojas de billetes de dólar que salen de la prensa. Los billetes se cortan y emiten para uso público.

facilidad y se mantienen en circulación por mucho tiempo.

El papel en blanco se presiona contra una plancha entintada. Dicha plancha imprime las palabras y dibujos que aparecen en el papel moneda.

Las monedas provienen de láminas de metal perforadas.

La moneda oficial es el dinero que se utiliza en un país. Consiste en billetes y monedas.

Dado que al principio no hay nada en el metal, las monedas obtenidas reciben el nombre de cospel.

Estas monedas se calientan, lavan y secan. Después se les graban las imágenes y palabras por ambas caras.

LA HISTORIA DEL DINERO

La gente ha utilizado dinero desde hace más de 4,000 años. En el año 600 a. C., el Reino de Lidia, lo que hoy es Turquía, empezó a fabricar monedas. Estas monedas eran una mezcla de oro y plata. La antigua Grecia y los romanos también utilizaban monedas.

Los primeros tipos de papel moneda se utilizaron en China hace más de 1,000 años. El primer papel moneda era simplemente una promesa escrita de pago de una cierta cantidad de oro o plata.

Esta moneda lidia tiene la imágen de un león y un toro. Las monedas de Lidia están entre las más antiguas jamás usadas como dinero.

El papel moneda tenía valor porque podía cambiarse por oro o plata.

Posteriormente, los gobiernos empezaron a imprimir papel moneda. En el siglo XX la mayoría de los gobiernos imprimían su propio papel moneda sin que fuese respaldado por oro o plata.

Este papel moneda (llamado billete de banco) se usó en China durante la dinastía Ming, 400 o 600 años atrás.

DEL TRUEQUE A LA COMPRA

Antes de utilizar la moneda, la gente recurría al trueque, que consistía en cambiar lo que se tenía por lo que se quería. Era un intercambio directo de artículo por artículo.

En el trueque, cada persona estaba de acuerdo en que lo que se intercambiaba tenía el mismo valor. Por ejemplo, una persona podía cambiar cinco cabras por una vaca, porque la vaca tenía más valor que las cabras.

Se inventó la moneda para evitar el trueque. Aquellas cinco cabras se

Los animales eran un elemento común de trueque. Los animales como las cabras valían más o menos que otros animales o artículos.

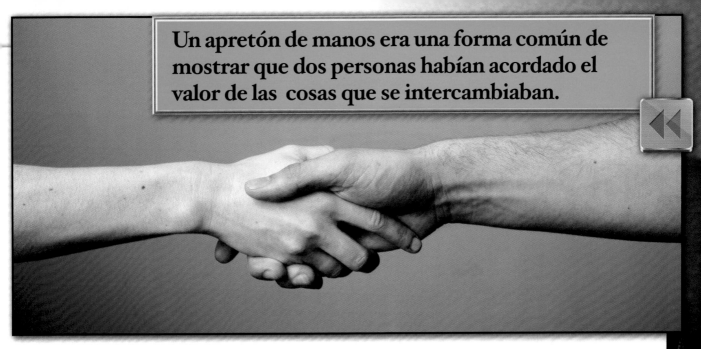

Un apretón de manos era una forma común de mostrar que dos personas habían acordado el valor de las cosas que se intercambiaban.

podían cambiarse por una cierta cantidad de dinero en vez de por una vaca. El dinero podía entonces cambiarse por grano, ropa u otros bienes del mismo valor.

El valor del papel moneda y de las monedas proviene del acuerdo entre las personas considerando su valor de cambio. Este acuerdo entre la gente es la razón de que el dinero funcione.

CONSIDERA ESTO:
El trueque es una manera directa de intercambiar una cosa por otra. ¿De qué manera utilizar dinero puede considerarse un tipo de intercambio indirecto?

La plata y el oro

La plata y el oro tienen lo que se llama «valor de uso» que quiere decir que el metal tiene un uso práctico. La plata se utiliza como apoyo en los espejos, en joyería y en productos eléctricos. El oro se utiliza principalmente en joyería. Cuando la plata y el oro se utilizan como dinero, también tienen un valor monetario. Se pueden intercambiar por cosas. Se les llama

Este hermoso brazalete es de oro. Las joyas son un ejemplo de cómo los metales preciosos tienen lo que se conoce como ,«valor de uso».

«moneda fuerte» porque tienen valor por sí mismos, principalmente porque son poco comunes y a la vez prácticos.

Hoy en día, el dinero se presenta en forma de papel o de monedas hechas de metales baratos. El papel y el metal no tienen valor por sí mismos, dado que no son escasos. No hay límite en la cantidad de papel que puede fabricarse, siempre y cuando los árboles sigan creciendo. Por ello, el papel moneda y las monedas modernas no son «moneda fuerte».

CONSIDERA ESTO:

Las monedas tienen diferentes tamaños y pesos para representar diferentes valores. ¿Qué más puede influir en el valor de una moneda?

Estas monedas están estampadas con el nombre del metal del que están hechas: plata.

PROTEGER EL DINERO

Desde que existe el dinero, existe también un acto conocido como falsificación. Es un término que significa 'hacer una copia falsa'.

En el pasado, hacer monedas falsas era fácil. Un metal más barato de igual peso recubierto de oro o plata podía pasar como verdadero. Falsificar billetes es más

Los expertos miran de cerca las marcas e imágenes en el dinero para ver si es real o falso.

complicado. Las naciones utilizan papel y tinta especiales para que no sea fácil copiarlo. Estados Unidos usa un papel de alta calidad hecho de algodón y lino. Minúsculas fibras de seda azul y roja se entretejen para hacerlo todavía más difícil de copiar.

El papel moneda de muchos países tiene también una filigrana en cada billete.

El dinero que no tiene todos estos detalles se conoce como dinero falso.

Una **filigrana** es un dibujo que se ve por transparencia en el papel moneda.

Billete de 100 dólares americanos sostenido a contraluz que muestra la marca de agua. Es la imagen de Ben Franklin que se ve a la derecha.

¿CÓMO FUNCIONAN LOS BANCOS?

Las personas depositan o dejan su dinero en los bancos con el fin de protegerlo. El banco solo conserva una parte del dinero en sus cuentas en efectivo. Utiliza el resto para prestar a otras personas y para invertir. Invertir significa utilizar el dinero para tratar de hacer más dinero.

Los bancos prestan dinero tanto a particulares como a negocios. El dinero que se presta se llama préstamo.

Una mujer deposita efectivo entregando dinero a través de una ventana protectora. La mayoría de las personas confía su dinero a los bancos.

COMPARA Y CONTRASTA:

Compara las tarjetas de crédito emitidas por los bancos con las que emiten algunos negocios. Las tiendas dan crédito para que la gente compre sus productos. ¿Para qué crees que los bancos emiten tarjetas de crédito?

Los que reciben el préstamo lo devuelven en partes llamadas plazos, y pagan la cantidad prestada más un dinero extra llamado interés.

Los bancos, hoy en día, proporcionan otros servicios. Muchos de ellos emiten tarjetas de crédito y envían estados de cuenta mensuales a quienes las utilizan.

Los bancos también mantienen cajeros automáticos o ATMs. Los clientes pueden utilizarlos para sacar o ingresar dinero a sus cuentas.

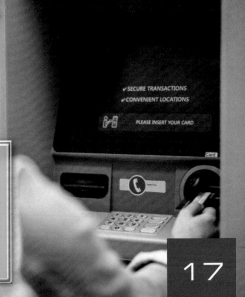

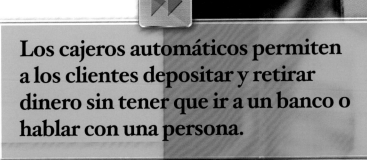

Los cajeros automáticos permiten a los clientes depositar y retirar dinero sin tener que ir a un banco o hablar con una persona.

17

LA HISTORIA DE LOS BANCOS

En la antigua Mesopotamia, región de Oriente Medio, ya existía la banca al menos hace 4,000 años. Los primeros banqueros guardaban el oro y la plata de la gente e incluso los prestaban. En la antigua Grecia y en Roma, había también empresas muy parecidas a los bancos.

Florencia y Venecia, dos ciudades italianas, se convirtieron en centros bancarios en el siglo XV. En Inglaterra, los comerciantes de oro funcionaron como

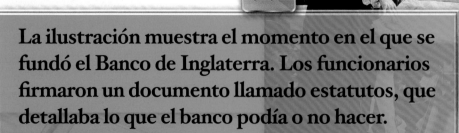

La ilustración muestra el momento en el que se fundó el Banco de Inglaterra. Los funcionarios firmaron un documento llamado estatutos, que detallaba lo que el banco podía o no hacer.

La ilustración muestra la fachada de columnas del primer banco que operó en los Estados Unidos. Estaba en Filadelfia.

banqueros hasta que se fundó el Banco de Inglaterra en 1694.

El primer banco de los Estados Unidos fue el Bank of North America, fundado en Filadelfia en 1782. Dos años después, le siguieron el Bank of Massachusetts y el Bank of New York.

Algunos países tienen un banco central que supervisa los bancos y controla el suministro de dinero en el país.

En Estados Unidos, estos servicios están a cargo del Sistema de la **Reserva** Federal, establecido en 1913.

En banca, una reserva es la parte del dinero de los depósitos que no se da como préstamo.

Tipos de Bancos

El más común es el conocido como banco comercial. Este tipo de banco fundamentalmente acepta depósitos y da préstamos. Hoy, muchos bancos comerciales ofrecen otros productos y servicios financieros.

Hay otros bancos que realizan operaciones especiales. Las asociaciones de ahorro y préstamo facilitan préstamos a los compradores de casas y a los propietarios de negocios. Los bancos internacionales prestan dinero a países en desarrollo.

Las personas visitan los bancos para hablar de servicios financieros, tales como préstamos para comprar una casa o para abrir un negocio.

Las cooperativas de crédito son instituciones similares a los bancos. Están compuestas por personas que tienen un vínculo especial, como trabajar juntos. Sus miembros ahorran dinero juntos y se hacen préstamos los unos a los otros a bajo interés.

COMPARA Y CONTRASTA:

Compara los diferentes tipos de instituciones. ¿Por qué hay gente que prefiere utilizar una cooperativa de crédito en vez de un banco comercial o una asociación de ahorro y préstamo?

Las cooperativas de crédito a menudo tienen la palabra"comunidad" en el nombre. Esto se debe a que las cooperativas atienden a una comunidad de personas.

LOS BANCOS CENTRALES

Los bancos centrales tienen bajo su responsabilidad el dinero de sus países. Ayudan a asegurar la estabilidad económica de sus países y su crecimiento.

Una de las tareas más importantes de un banco central es decidir cuánto dinero en efectivo debe estar disponible para ser usado. Otra tarea clave es fijar los tipos de interés. Estas decisiones afectan los precios y el nivel de empleo de un país.

Los bancos centrales se aseguran de que los bancos privados del país funcionen bien. El banco central puede prestar dinero a un banco privado. También puede hacer efectivos o tramitar cheques entre bancos privados.

El banco central de Rusia está en la ciudad de Moscú.

CONSIDERA ESTO:

El banco central de Estados Unidos no era muy popular y cerró en 1836. ¿Por qué no quería el pueblo que el gobierno controlase el suministro del dinero?

En Estados Unidos, el Sistema de la Reserva Federal actúa como un banco central. En 1993, un grupo de países europeos formó la Unión Europea. Estos países decidieron utilizar la misma moneda, llamada euro. El Banco Central Europeo se creó para controlar el dinero de la Unión Europea.

El euro es la moneda oficial de la Unión Europea. Muchos de los países de la Unión Europea usan esta forma de moneda.

CLASES DE CUENTAS BANCARIAS

El dinero que se deposita en un banco se pone en una cuenta bancaria. Un tipo de cuenta bancaria es una cuenta de ahorro. El banco paga una cierta cantidad de dinero como interés por cada dólar depositado en una cuenta de ahorro.

Otro tipo de cuenta bancaria es la cuenta corriente. Un cheque es una instrucción que recibe el banco de

Firmar un cheque es como prometer por escrito pagar por bienes y servicios. Un cheque no es lo mismo que un billete.

CONSIDERA ESTO:

Cuando se «hace efectivo» un cheque o es aprobado, el dinero se mueve de una cuenta bancaria a otra. ¿Por qué los bancos esperan un poco antes de hacer efectivo un cheque?

Un hombre paga un helado con tarjeta de débito. El pago es automáticamente restado de su cuenta corriente.

pagar dinero de la cuenta corriente de una persona.

Una persona que tiene una cuenta corriente puede firmar cheques para pagar cosas. También puede utilizar tarjetas de crédito o de débito para pagar con el dinero de su cuenta corriente.

Las cuentas corrientes pagan un interés muy pequeño o ningún interés al depositante. La gente las utiliza porque es una manera segura y conveniente de manejar el dinero.

¿CÓMO HACEN NEGOCIO LOS BANCOS?

Los bancos obtienen beneficio si recaudan más dinero del que pagan. Cuando la gente deposita dinero en una cuenta bancaria, el banco presta algo de ese dinero a otras personas. El banco debe pagar intereses a las personas que ingresan dinero, pero el banco gana dinero cuando recibe los intereses de los préstamos.

Para tener dinero para prestar o invertir, un banco debe primero conseguir fondos. Los depósitos son la mayor fuente de ingresos de un banco comercial.

Un comprobante bancario es el registro que muestra cuánto dinero una persona pone en su cuenta.

COMPARA Y CONTRASTA:

Compara las cuentas de ahorro y los CDs. ¿Cuáles son las ventajas de cada uno, tanto para los bancos como para los clientes?

La mayoría de los depósitos se hacen en cuentas corrientes o de ahorro. Los bancos

Una cuenta bancaria que recibe depósitos es una cuenta de ahorros. Las personas la usan para guardar dinero y ganar intereses.

también ofrecen cuentas llamadas certificados de depósito (CDs). Son conocidas como depósitos a plazo fijo porque se dan de alta por un determinado período de tiempo. La gente propietaria de los CDs le permite al banco que tome prestado su dinero por un tiempo. Al final de este período de tiempo, retira su dinero con intereses. El interés en este tipo de cuentas es mayor que el de las cuentas de ahorro.

Los bancos también obtienen dinero a través de diferentes tipos de préstamos. Por ejemplo, un banco puede pedir prestado dinero a otro banco.

LA ERA DIGITAL

En la actualidad, los bancos utilizan computadoras para casi todas sus operaciones. Los clientes también utilizan las computadoras personales para hacer operaciones bancarias. Se pueden realizar pagos o hacer transferencias de dinero entre cuentas a través de Internet.

Hay también dinero digital. Bitcoin es una moneda digital creada en 2009. Existe solo en Internet. Los propietarios de Bitcoins pueden

Digital tiene que ver con la tecnología informática y electrónica.

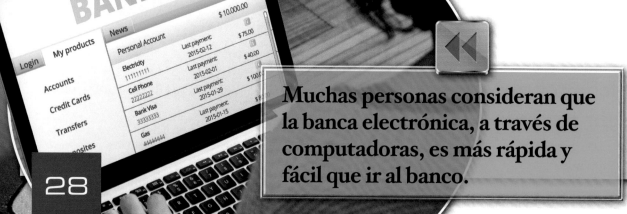

Muchas personas consideran que la banca electrónica, a través de computadoras, es más rápida y fácil que ir al banco.

Cajero Bitcoin ATM

Este cajero automático de Bitcoin está en un centro comercial de Barcelona, España.

cambiarlo por dinero. También pueden intercambiar Bitcoins por bienes y por servicios. Hacen todo esto a través de una red digital especial. Su valor depende de cuánta gente los quiera y de cuántos haya disponibles.

El dinero y los bancos deben continuar trabajando con la más alta tecnología en el futuro. Cualquiera que sea su forma, sin embargo, seguirán siendo una parte importante de nuestra vida diaria.

GLOSARIO

beneficio ganancia a partir de algo.

billete papel moneda.

circulación paso de algo de persona a persona o de lugar a lugar.

cospel moneda antes de ser grabada con palabras e imágenes.

cuenta dinero depositado en un banco.

depositante alguien que deja su dinero en un banco.

economía relacionado con hacer, vender y utilizar bienes y servicios.

emitir poner a disposición para venta o circulación.

estabilidad condición en la que algo es inalterable e invariable.

fabricar hacer o crear.

falsificar imitar o copiar algo para engañar a alguien.

filigrana dibujo que se ve por transparencia en los billetes de banco.

fondos dinero disponible para un determinado fin.

intercambio dar o tomar algo a cambio de otra cosa.

interés precio que se paga por utilizar un dinero.

inversión dinero que se emplea para ganar más dinero.

plazos pagos realizados durante un período de tiempo.

préstamo dinero que se facilita y que se devuelve con intereses.

prestatario alguien que toma o utiliza algo, incluido dinero, con la promesa de devolverlo.

tarjeta de débito tarjeta utilizada para sacar dinero desde una cuenta corriente en el mismo momento en que se compra algo.

transferencia pasar de una persona, lugar o situación a otra.

trueque intercambiar o cambiar unas cosas por otras en vez de usar dinero.

Para más información

Libros

Armentrout, David. *The Bank*. Vero Beach, FL: Rourke Educational Publishing, 2011.

Einspruch, Andrew. *Money Sense: The Money System*. Mankato, MN: Smart Apple Media, 2012.

Furgang, Kathy. *National Geographic Kids: Everything Money*. Washington, DC: National Geographic for Kids, 2013.

Jenkins, Martin. *The History of Money: From Bartering to Banking*. Somerville, MA: Candlewick Press, 2015.

Wallach, Jonah M., and Tattersall, Clare. *Money and Banking*. New York, NY: Rosen Central, 2011

Sitios de Internet

Debido a que los enlaces de Internet cambian a menudo, Rosen Publishing ha creado una lista de los sitios de Internet que tratan sobre el tema de este libro. Este sitio se actualiza con regularidad. Por favor, usa este enlace para ver la lista:

http://www.rosenlinks.com/ LFO/supp

ÍNDICE